Poemas de un Prisionero

by
Julio Angel Bergollo

Impreso en Victoria, BC, Canadá.

ISBN: 978-1-4251-8892-4

*Nuestra misión es ofrecer eficientemente el mejor y más exhaustivo servicio de
publicación de libros en el mundo, facilitando el éxito de cada autor. Para
conocer más acerca de cómo publicar su libro a su manera y hacerlo disponible
alrededor del mundo, visítenos en la dirección www.trafford.com*

Trafford rev. 11/03/09

 www.trafford.com

Para Norteamérica y el mundo entero
llamadas sin cargo: 1 888 232 4444 (USA & Canadá)
teléfono: 250 383 6864 ♦ fax: 812 355 4082

Prologo

Cuando leas en tus bellas manos.
Este libro de Poemas de un Prisionero.
Podrás comprender más de la vida.
Y del Amor. Cuando toca tu Corazón.
Poemas de un Prisionero. Es creado
Por un joven. Boricua que llego a la
Cárcel de detención. En Diciembre 6, del 2003.
Y en Marzo 4, del 2004. Fue sentenciado
A cinco año. De prisión con derecho de
Libertad condicional. Para Septiembre 6, del 2006.
Pero El joven decidió crear esta obra clásica.
En Honor a toda las damas. Poemas de un
Prisionero.
Es una obra que contiene, Amor
Alegría, tristeza, misterios, secretos y Paz.
Es una obra de alto contenido, y debes tener
Precaución con Niños menores. Espero que
La disfrute. En su contenido al igual
Que yo en su creación. Que Dios las Bendiga…
Les desea con todo el Corazón…Su Creador
Julio A. Bergollo

Índice

Una Estrella

Soy una Estrella sin Amor.
Si algún día entro en tu
Corazón acuérdate de darme
Todos tus sentimientos y valor.
Cuando me encuentre
Caminando recordare todo
Los momentos bellos que
Compartiste a mi lado.
Cuando sembraste Amor verdadero ahora
Tengo Amor eterno. Con tus
Carisias que se grabaron en
Mi piel. Ahora yo te puedo querer
Y donde quiera que viaje
En mi mente te puedo tener
Porque llevo grabado tus
Recuerdos de una bella mujer
La que se preocupo por en
Como querer. Por eso
En el cielo cuando este
Siempre brillare y en mi
Mente presente te tendre
Al recordar que yo siempre
Te ame. Por eso feliz ahora
Me puedes ver.

Día de Campo

Me en cuento observando el
Campo veo las palomas volar y
El orol de las Rosas me anima
A caminal. Hasta el manantial
Donde llegan los Caballos. Para tomar
Del agua mineral. Me como una
Guayaba. Cuando la vaca desde
Lejos maullaba. El sol ya no
Podía más calentar. Se Comenzaba
A marchar. Poco a poco llega la
Luna y desde el cielo alumbra.
Cuando oigo el coquí cantar. Una
Mariposa volar. Pero la brisa entra
Por cualquier lugar. Cuando de
Repente comenzó a llover. Me
Tuve que del campo marchar.
Pero nunca lo podre olvidar.
Cuando el arcoíris se en cuentra
En el cielo mostrando su bellos colores.
Me pongo a pensar Como todo esto pudo
pasar.

Alegría

Veo el televisor. Pero no siento el
Amor. Quiero estar a tu lado para
Darte una Flor. Y con tu dulce
Piel perfecta hoy te abrazo para
Que me sienta. En la luz de
Mi Corazón. Porque esta Prendida
Tu alma. Alumbrando mis Sentimientos.
Mira la emoción de la ballena.
Pero tu Amor llena el vacío de
La soledad. Cuando yo estaba
En de moniado como un león.
Pero tú eres la única que me
Quiere con el Corazón. Mi entras
Que en el cielo, Hay un arcoíris
Lleno de Colores. Pero en tu cuerpo
Siento el Calor. Cuando tu
Corazón me oye. Con la paz y
La alegría. Puedo vivir feliz
Cada día. Por que Jesucristo en
El cielo siempre me anima
Por eso veo el Sol. Como brilla
Sin importar hasta donde llegue.
La brisa. Siempre me gusta
Tener una sonrisa.

Un Amor y Secreto Especial

Eres Honesta hasta el final.
Pero yo a un te quiero Conquistar.
Y tus labios besar. Cuando
Tu Mirada me pueda desear
Y mi Corazón Hablaras tus
Sentimientos con el sabor de
La piel. Cuando tus manos
Se dejan acarisia una y
Otra vez a un que para ti
El Amor ha llegado otras ves
Con el Corazón mis Sentimientos
Para ti guarde. Viviendo la
Soledad. Cuando la luna no
Quería alumbrar mas y el
Viento en el mar se burlaba
De mí. Hoy yo te entrego mí
Corazón, cuerpo y alma a ti
Para que puedas Comprendel
Que quiero que seas la
Dama más Feliz. Te deseo
Con el Corazón Siempre a ti.

Tú me Atraes

Tengo sed de tomar del jugo
Que alimenta. Tus sentimientos
Cuando tu Mirada a mi me
Llama primero y tus bellos dientes
Si en ten el sabor de la sonrisa
Que presenta tu boca al salir
Por tus labios. Tu Hermosa nariz
Que respire el aire que dios al
Mundo a en viada cuando
Tu piel se siente atraída por
La suavidad de tus manos
Y tu cabello siempre sigue
Siendo largo. Las uñas de tus
Manos sé si en ten felices
De estar donde dios para ti
Las a en viada y como tus
Orejas siempre están tapadas
Con tu cabello largo. Siempre
Escuchan cuando yo por tu
Nombre te llamo y como tu
Piernas son de bello en canto
Yo me encuentro más a
Un de ti enamorado.

Comidas Mensajeras

Yo soy lechuga el que siempre
Teda ternura. Cuando tus
Labios escucha. Por eso como
Papas porque eres una bella
Dama. Cuando la pizza se
Si ente atrevida tu eres la
Que mi Corazón conquista
Tomando jugo de china me
Siento por ti amado toda
La vida. Con en saladas de
Repollo junto a ti no me
Enojo. Cuando piña con
Leche eres la dama que mí
Corazón merece. Con pollo y
Espinaca junto a mi te
Sentirás amada y galletas
Con guineo eres el Amor
Que yo quiero. A un que huevos
Revueltos con avena llegaste
A mi vida en una Primavera.
Con bread y tortillas. Yo estaré
A tu lado toda la vida. Hoy sabes
Que habichuela y vegetales mixtos
Yo soy el hombre que siempre
Te ha querido con brócolis y codito
Yo siempre te doy mi cariño.

Mis profundos Sentimientos

Eres Pequeña de Estatura
Pero grande de Corazón
Por eso me gusta observar tú
Ojos que son humildes y alegres
A la vez. Por eso tu boca la beso
Una y otra vez. Con el sabor de
Tus labios hoy de ti me siento
Muy enamorado. Porque de tus
Sentimientos mi Corazón se
Alimenta y la paz. Entre los dos
Aumentado. Mi entras mis
Esperanza te e brindado siempre
Estamos juntos en el mundo
Deseado. Sin importar que las
Estrellas en el Cielo se haigas que
Dado brillando. Tu y yo nos
Casaremos en este año y la
Luna de miel será viajando
En un avión por las nubes por
Que siempre me gusta
Oler tu cuerpo y perfume
Cuando tus labios con los
Míos se unen tú y yo
Gozamos en el viaje por las nubes.

Cosas Inesperadas

Un Marciano se con vertió en el
Esclavo de un mango por su dulce
Sabor. Cuando la vaca quiere
Respirar el o rol de una bella flor.
La mariposa se en cuenta
Borracha bailando el reggaetón
Y la hormiga sigue caminando
En el espacio. Mi entras que
Una mosca se pasa cantando
En un bar que se llama súbete
Para gozar. Mi entra que los
Dinosaurios se pueden ver volando
Y los gatos en la playa les
Gusta navegar. Por eso los
Ratones corren bicicleta
Sin parar. Cuando una foca
A tu lado puede estar manejando
Un auto de carrera sin
Tener licencia. Por eso las
Ballenas van a la escuela
A estudiar ciencia. Y como
Los caballos no tienen
Conciencia siempre guían
Los aviones por cualquier
Planeta. Por eso es que los Elefantes
Corren patinetas chupándose una quenepa.

Mundo Nuevo

El silencio se escapo por
La ventana y yo rezo
Para que vuelva a mí y te
Sientas amada por que
Mi Corazón nunca te engaña
Por eso siempre habla claridad
Y los pisos serán de diamantes
Pero en cualquier lugar yo
Escuchare cuando tu Corazón
Me llame. Los clavares y las
Rosas estarán soplando sus
Bellos oro les. Cuando llueva
Caeran gotas de oro, por
Montones y la felicidad
Siempre permanecerá. En
Nuestro rostro brillando
Los sentimientos hablaran
Por que las palabras no
Existirán y el alimento será
El amor profundo que dios
Nos da y la visión será
El deseo por deseo del
Amor eterno que siempre
Tendremos. Esto será un mundo Nuevo.

Observación

Tu sonrisa siempre es
Natural. Tienes unos bellos
Dientes. Y te ves muy impecable
Cuando eres Sencilla. Con buen
Humor a un siendo justa
En el universo. Cuando natural
Importante la Felicidad es
Reconocida. Y libre de origen
Que permanece en agradar. Los
En centro que son justos
A un noble destino. Recién
Acompañado. De bella actitud
Y recompense. El objetivo
Que siempre es Amor. A
Un gozo elegible. Cuando
Lucha con importancia
En el Corazón.

Recordando

Veo las Estrellas en el cielo
Y me pongo a pensar. Como
Te quiero. Cuando la luna a
Un sigue alumbrando y tu
En la vida me sigue deseando
Que salga el Sol. Para yo Hablas arte
Y darte un poco mas de mi
Amor del que tengo guardado en
Lo profundo de mi Corazón. Cuando
Veo un avión volar y tu a mi
Lado siempre quiere estar. Cuando
La brisa tu cabello quiere revolcar
Yo siempre te hablo con la
Verdad. Cuando a un estamos
En la primavera. Vuelan las
Aves y las rosas su Corazón
Con parte. Sin importar que el
Sol ya se marche. Siempre yo
Estaré a tu lado para amarte

La Felicidad

Siempre te hablaso para que me
Comprenda. Cuando mi Corazón por
Ti se Alegra. Por tu manera de
Pensar. Por eso a tu lado me gusta
Estar. Observando las olas del
Mar y el viento soplar. Hoy
Feliz tu puedes estar sin
Tiendo el sol al caminal.
Cuando las Esperanzas de tu
Corazón. Me quieren amar y
Las carisias de tu piel. Me
Comienzan a llamar. Mis
Sentimientos por ti son muy
Profundo. Cada día más y como
Tú eres Sincera. Por eso yo estoy
A tu lado. Cuando más me
Desea. Para darme tu cariño y
Amistad. Hoy yo me caso contigo
En cualquier lugar. Para ver
Nuestros Hijos al mundo
Llegar. Cuando ellos de alegría
Se divertirán.

Parque de la Fantasía

En el parque de las fantasías todo los
Niños se en cuentan chupando
Paletas. Cuando en sus labios. El
Sabor de la uva se queda. Se pueden
Ver las palomas volar desde cerca.
Cuando el sol toca sus alas. Sin
Importar donde amanezca. Siempre
Los cocodrilos se en contralan
Dormidos. Porque a noche estaban
Tomando vino. Cuando las Elefanta se
La pasaron cosiendo con hilo sus
Propias fardas. Para luego bailar. Una
Canción de salsa ya los caballos en el
Escenario cantaban. Cuando los monos
No sabían nada. En el parque de las
Fantasía todo comenzaba por eso los
Niños alegres gozaban. Para ya el lunes
Regresar a sus casas.

Un Misterio

Hoy en la prisión entre
Las 4:30 am a las 5:00 am
Pasara algo inesperado
Cuando llegue la bandeja
Del desayuno el pan cake
Sera bañado con syrup
Luego con la cuchara será
Partido en pedazos y
Luego tragado hasta
Desaparecer. Cuando en
La leche él con freak
Frótala tratando de
Escapar la cuchara lo
Atrapara y en esta boca
Lo pondrá para ser
Masticado y tragado
Hasta el final. El hambre
Se pudo controlar y la
Bandeja se la acaban
De llevar. Esto es tremendo
Banquete que te puedo
Yo contar. Es la hora
De ir a dormil. Cuando
Soñar no cuesta nada y
Jesucristo en el cielo tú
Corazón ama.

La Mariposa

Una mariposa volaba sin parar
Cuando llego a un jardín
Lleno de felicidad. Su vida
Cambio por completa
Cuando ahora anda en
Busca de un Amor por el
Planeta si algún día
Se te acerca recuerda
Que es un secreto que
Ella tiene y quiere
Que tú lo sepas
Por eso con su humilde
Y Alegría ella vuela
Todos los días. Cuando
En una bella flor ella
Quiere descansar un
Minuto para respirar su
Olor y alimental su
Corazón por eso ella
Te desea lo mejor
Y siempre la veras llegar
Como una sorpresa y
Se marchara de tu
Lado cuando menos
Te lo haigas imaginado
Y más Feliz te sentirás
Al ver la volando.

Una Relación Perfecta

Las hojas de los arboles
Se siguen cayendo pero
En tus palabras sigo creyendo
Cuanto está llegando el
Invierno y siento tu Corazón.
Que es tierno. Luego llegara
El verano. En el cual seguiremos
Soñando caminando agarrados
De las manos porque nuestros
Corazones se han enamorado
Por eso es que hoy felices
Nos ven con tramos a un
Que no es el mes de
Mayo. Tú y yo gozamos
De la vida y el Amor
Por eso a tu lado me
Siento mejor. Porque tu
Eres la Reina que vive
En mi Corazón. Por eso
Tus Sentimientos en mi memoria
Sé que daros y eres la perfecta
Dama que siempre había esperado
Por eso contigo me siento relajado
A un que han pasado varios
Años juntos de ti. Yo me siento
Más Enamorado.

Mensaje

Observa esta página de papel
Tiene cuatro esquina y con
El bolígrafo Escribo por en cima
De cada línea. Porque la
Tristeza se había apoderado
De mí. Pero Jesucristo en el
Cielo siempre me escuchaba.
Cuando comencé a oral. La
Alegría llego sin esperar. Poreso
Con Jesucristo siempre quiero
Estar. A un que me he levantado
Del piso. Cuando pensaban que
Yo tenía un hechizo. Porque Dios
Me hizo con el Corazón infinito.
Jesús todo me lo da. Por eso yo no le
Pido nada. Por eso camino Feliz por
La vida. Tu a mi no me vas a
Detener. Porque Jesús es mí
Poder. Todo me lo dan entrégale tu
Vida y el cambiara tu rutina.
Dios me trajo al mundo desnudo.
Para yo oral y cantal. Que bella es
La vida amar .por eso feliz tu puedes
Estar. Porque Jesús te quiere
Salvar en tréguate tu vida y el
 Cambiara tu rutina.

La carta de Mi Novia

Muchos pelean por ganar
La Victoria. Mi entras que
Yo le Escribo una carta
A mi novia. Hola mi Esperanza
Y dulce Alergia. Alumbras mi
Corazón sin importar. El tiempo
Ni la brisa. Nunca me canso
De Escribir y mas a ti. Por
Que eres Especial. Para mí y
Te quiero cada día más.
Por eso te Escribo cada día mas
Y más. Porque tú sabes lo
Que es Amar. Gracias por estar
En mi vida.
Te quiero hacer la mujer
Más feliz de la vida. Y
Me motivas a escribirte cada
Día. Cosas bonitas para ti.
Poesías y un sin números de
Palabras hermosas. Te veo
Pronto. Tu novio el que más goza.

Talento

Dios el padre todo poderoso de
El cielo y la tierra. Le a
Dado a todo el mundo un
Talento. El que lo descubra
Vivirá en la tierra contenta.
Porque tengo 51 año de edad.
Pinto carros de cualquier estado.
Poreso gozo de lo que hago. Y
Mi dinero me lo gano honrado
Sin importal. Yo nunca relajo
Poreso me llamo Ricardo. Por que
En cuba o Ecuador. Yo te pinto
Tu caro mejor. Sea corola do
O Amarillo. Tú nunca te has
Ido de mi taller. Porque a tu
Carro le pongo brillo. Y siempre
Tú cuentas conmigo. Poreso
Feliz te veo manejando
Ese lincon sin parar. A mí
Taller tu pronto volverás.

Secreto

Me gusta comer avena. Y saboreal
El pan cake. Y como yo te se querel
Nunca me olvido de comer con frey.
E caminado todo el desierto y no
Tengo agua para beber. Tengo set
Déjame acariciarte una sola
Ves te llevo en el Corazón. En el
Espejo del sentimiento que brilla
En la Prisión de mi Corazón. De
Tu Corazón presiento amor y de
Tus manos la comprensión del
Cariño de tus ojos la luz que
En cien de la pasión de este Amor.
Tengo set quiero Probal del jugo
De tus labios. Porque si saben a
China te entrego mi vida. Si
Saben a Fresa te saboreo lenta. Si
Saben a melocotón te beso y te
Acaricio un montón. Si saben a
Uva te llevo a ver la luna. Si
Saben a piña tendremos una niña.
Y si saben a chocolate es por
Que el Corazón te late.

Observación Secreta

En el fondo de tu Corazón tienes
Un Tesoro lleno de Amor. Por eso
Hoy como papas y pan y en la
Tarde pienso como mi amiga
Debe de estar. Por que mañana
Sera un buen día. Por eso te de
Dico mi Corazón todo los días.
Recibo un pensamiento en el Corazón.
Eres tú que está sentada
Maquillándote en la habitación.
Te si entes sol prendida en el
Corazón. Hoy como Tortuga por que
Ayer fue una locura. Junto ha
Ti descubrí lo bello que es la
Ternura. Porque siempre te perfumas.
Hoy como hielo por que mañana será
Un día bello. Yo se que eres la
Única que me en tiende. Por eso te
Llevo a Mac donar a comer chicken tender
Y te tomes una coca cola. Por que
Eres una dama a cualquier hora
Por eso comes pop con. Por que
Cada día te si entes mejor.

La Noticia

Corazoncito de mi Alegría. Tu
Eres mi sueño hecho realidad. En
Cada luz de un Nuevo amanecer
En mi Corazón Alegre siento
Tu querer. En la distancia no
Te puedo ver. Pero tus sentimientos
Mi Corazón los sabe comprender.
En las olas de tu Corazón vuelan
Los sentimientos del amor. Por eso
Feliz te encuentras en toda
Ocasión. A noche me tieron en la
Cárcel a una inocente pechuga
Con su asociada y jugosa
Mantequilla. Eran las más buscadas
En todo el planeta. Cuando
Pescaron un repollo. Un día con
La llegada de una cebolla. Hay
Fue que el brócoli se quedo
A sombrado. Cuando el queso
Se derretía. Encima de la lasaña.
Disponible estaba el pudin. Para
Que fuera tragado sin Fin.

Sueño I

Corazón que hora son. Por que
Muchos ponen los ojos en mí.
Porque alegre es como me
Gusta vivir a mí. La luna
Se ha ido a descansar. Pero yo
Me voy a sonar. E llegado a otro
Planeta donde los aviones corren
Patinetas. Y yo soy el que lucha
Por tu vida completa. Cuando las
Trompetas a anuncian su sonido.
Yo soy el que te hablase y teda
Cariño. Cuando el abanico esta
Hecho un Drogadicto. Pero yo soy
El que siempre te ha Escuchado
Y visto. Cuando el tren no esta
A un listo para Nadal. En lo
Profundo del mar. Yo soy el que
A tu lado siempre esta.
Comiendo pizza. Con mantecado Mi vida te
regalo

Sueño II

Porque el radio se la pasa
Bailando y yo te sigo llevando
Al Espacio. A un que los vasos
De cristal. Tu reflejo puedes
Mirar. Yo soy el que te sabe
Animar. A un que no te
Gusta tener. Un animal de
Mascota. Yo soy el que te besa
De boca a boca. Mi entras
Que las focas se la pasan
Llorando. Yo soy el que siempre
Te está escuchando. Con tu
Dulce Voz. Has conquistador
Mi Corazón. Por eso me la paso
Volando en el callejón. A un
Que para mí. Tú eres la mejor.
Yo te llevo a Júpiter y Plutón.
Donde solo existen las motoras
De hacían. Y tu gozas con el
Corazón. Cuando las palomas
Son pop corno. Tú sigues caminando
En el espacio. A un que necesito
Un espacio. Para parquear. Mi
Truco. Tu feliz te si ente
De quién soy yo.

Sueño III

Yo no como yoyo. Porque eres
La chica que amo. Ese que tu
Ves. No es tu amo. Por eso yo
Contigo me caso. Y caminamos
De brazos. Por eso en el verano
Lo más que extraño son las
Bombas de cumpleaños. Tú sabes
Recibir. Los años por rezo yo gozo
De tus bellos labios. A un que
Los elefantes son unos sabios
Yo se que te gusta comer
Mucho ajo. Pero esto no es
Un relajo. Por eso tu siempre
Llegas en un taxi alquilado. Cuando
Yo me la paso escalando. Por eso
Gozas de la vida y de lo que
Yo hago. A un que siempre
Nado. En este año pasaron
Varios tornados. Pero siempre
Comemos pan tostado. Con queso
Porque eres la mujer que
Me merezco. Por eso siempre tomo
Refresco de parcha y limón.
Porque contigo me siento mejor.

Sueño IV

Cuando luchamos en el invierno
Por eso feliz te veo. Porque soy
Tierno y primero en saborear tus
Labios bellos. A un que me
Gusta tu cabello largo negro.
Yo soy el que siempre te quiere.
Como la Estrella que está en
El cielo. Hoy yo te expreso mí
Deseo. Y por el mundo siempre
Paseo. Sea en un caballo o
Un jet tu a mi me quiere.
Sencillo para empezar. Por eso
Contigo me caso en un altar.
Sin importar. La religión yo
Contigo lucho en el Amor. Por
Que tú sabes comprende mí
Corazón. Por eso hoy estas
Embarazada de este campeón.
Atleta que corre por la maleza.
Pero siempre tus labios besan.
Con el sabor que tienen a
Fresa. Por eso siempre gozamos
En cualquier Fiesta.

Conquista ligera

Están lloviendo flores y son de
Las mejores. Mi entras tu me hoye
Yo córrele en calzones.
Hoy tomare un tren. Para que me
Ensenes lo que es querer. Junto
A ti quiero amanecer y la vida
Comprender. Por que una persona
Me pregunto. Porque te gusta la
Tuna. Porque yo a ti te llevo a ver
La luna. Te gusta la naturaleza y
A mi tu belleza. Déjame acariciarte
Antes que amanezca. Quiero soñar
Y contigo triunfal. Me he Ganado el
Premio por saber te escuchar. Te
Gusta el pez. Déjame acariciarte
Por primera vez. Para que sientas
Lo que es el Amor. Cuando se
Entrega de rodillas a tus pies.
Por que tus manos saben a miel.
Oigo la paz que toca mi puerta.
Cuando la abro entras tú. Por
Ser la mujer más tierna. Si tu
Tienes sal y yo tengo paz.
Vamos a unirnos para gozar. Te
Veo en el artal.

Amantes

Como la sal me gustan tus labios
Saborear. Por eso nunca me de
Tengo para poderte besar. Tu
Corazón es un campeón cuando
Se trata de Amor. A es condida
Yo te vuelvo a besar. Sin que
Tu novio este. Yo te deseo otra
Ves. Olvídate de ese tonto que
No te sabe querer. Por eso es
Que tú siempre me busca otra
Ves. Y yo te beso de la cabeza
A los pies. Porque tu Amor
En mi Corazón existe. Y tú
Nunca a mis besos te resiste.
Y tus carisias las llevo en mí
Corazón. El te da dinero, lujo y
Poder. Pero yo soy el que te sabe
Querer. Por eso sin mi tú no sabes
Lo que puedes hacer, y el dinero
De él siempre en tu cartela
Lo puedes tener. Porque yo
Te sé en tender

Deseos del Corazón

Amarillo y negro. Pero yo
Te saludo primero. En
    Agradecimiento.
Es un sentimiento que
Te quiero Expresar. Por tu
Manera de pensar en el
Corazón. Y en la motivación
Del destino. Que tus
Sueños sean cumplidos.
Porque la noche esta
Alegre y fresca que bueno
Es respiral el aire de la
Naturaleza. A un que
La oscuridad me gusta
Más que la luz del día.
Por eso es que tú comes
Golosinas y siempre en tus
Dientes llevas una sonrisa.

La conquista

En la noche de esta fría
Madrugada. Te puedo decir. El
Sabor sabe mejor que la
Calor. Te atreves dejarme
Poder conquistarte. Te lo pido
Por favor. Eres mi Esperanza y
Por ti respiro. En mi Corazón
Vive tu Cariño y tu Amor. Por
Que me he levantado. Hoy gracias
A ti dulce Corazón. Por ser
Hermosa dama. Veo flores veo
Paz déjame acariciarte antes
Que amanezca. Porque la
Luz se en siendo en lo profundo
Del mar. Mi entras yo te digo
Lo mucho que te puedo Amar.
Porque mar y mar no se
Pueden destrozar. Pero tú y yo nos
Podemos casar…casar y Amar son
Dos cosas de las que se pueden
Lograr. Siempre y cuando tú quieras
Escuchar. La Guerra sigue y yo
Rezo por la paz. Mi entras tu
En lo profundo de tu Corazón
Me pides que te lleve al altar.

Reconociendo tu Amor

Gracias por tu estar presente
En mi auto estima. Por que
Sabes comprender la vida. Mi
Entras te saboreas una
Barquilla. Yo estoy en la cima
Escribiendo una poesía.
Para el Amor de mi vida.
Gracias por ser la chica del
Auto estima. A un tengo que
Haces tal que eres la mejor.
Por eso me rindo a tu Amor.
Por que camine. Por el mundo
En busca de un Amor. Y
Contigo me he sacado el premio
Mayor a un que me duele el
Corazón. Pero contigo he descubierto
El Amor. Me escondo para
Que tu no me veas y cuando
Doy la vuelta tú te alegras
Me enamorado de ti a un
Que no lo creas.

Conquista difícil

Un Pensamiento en una perfecta
Imaginación. Cuando en la Prisión
De la vida. Estamos tú y yo
Viviendo todavía en soledad.
Sin tener un Amor. Por quien luchar
Solamente tú y yo juntos podemos
Triunfal. A un que Dios goza
Mi entras te Escribo.
Hoy eres tú en mi vida.
Me acerco a ti para ser
Feliz. Una eres tú. Dos has
Llegado a mi Corazón. Por que
La vida junto a ti sabe
Mejor. Ahora cuando te conocí
La vida bella descubrí y de
Rodilla mi Amor por ti. Hoy
Como estas sabiendo que hay
Alguien que se preocupa. Por
Tu salud y binestar. La vida
Entera te brinda sin importar
Déjame llegar a tu Amor
Y no sufras más.

Esperar

Una noche tome un bolígrafo
Y una hoja de papel. Comencé
A escribir todos mis sentimientos
Para ti con cariño de mí.
Hoy te vengo a saludar.
Porque eres la mujer que sabe
Esperar. Por eso yo contigo quiero
Estar y la vida en frental.
Eres muy especial. Yo contigo
Quiero estar. Estar pensando
En ti es lo mejor de la
Vida. Gracias por ser la mujer
De las mil maravillas.
Brilla tu auto estima y
Es porque no caminas si no.
Porque eres la mujer de
Mi vida.
Yo soy mescla por eso te
Si ente tan cerca. Por que
Eres la mujer que todo
Lo piensa.

La canción romántica

Te llenare el Corazón de alegría.
Para que puedas gozar todo los días.
De lunes a domingo y sigues
Conmigo. De enero a febrero y ya
Nos en tendemos. Llega el invierno
Y hacin seguiremos. Hasta el verano
Agarrados de las manos. Hemos
Caminado y gozamos. Hasta el
Amanecer donde me entrego a ti
Por tu querer. Quiero sentir la suavidad
Del jabón. Mi entras tu me
Hasoblas en el barcón. Pero si te
Bañas con jabón Palmolive. Me
Casare contigo para que nunca
Me olvides. Y si te cepillas tus
Bellos dientes con pasta Colgate
Es por qué el Corazón te late.
O si es pasta cresta es por que
Tú en mí siempre crees. Ahora
Me siento mejor. Porque el
Sol alumbra mi ventana. Cuando
Más yo en ti pensaba.

Un mundo sin frontera

Siempre Esperando por ti. Eres un
Milagro te invito a un abrazo
Vamos a caminar a garrándonos
De las manos. El camino esta
Largo. Tengo frio todo lo doy por
Estar contigo y la vida gozaremos
A un que sea caminando de
Aquí a Jerusalén. Tu ley esta
En medio de mi Corazón. Por
Que si te gusta el color Amarillo
Te regalo un anillo. Y cuando hace
Calor te regalo mi cariño y
Te pongo mi abrigo. Porque tú eres
Mi Reina y yo soy tu Rey. Déjame
Acariciarte ante de las seis. Por
Que cae una Estrella en mi Corazón
Y tú me abrazas sin con pasión.
Te beso en la boca. Te vuelves
Loca y todo te lo gozas.

Lujo y pobreza

El sol salió para alumbrar. Y yo
A ti te quiero Escuchar. Quiero
Parar esta lluvia de lágrimas. Por
Que los Sentimientos los tengo
Destrozados. Porque te has
Marchado. Yo siempre en mí
Corazón llevare tus Recuerdos
Guardados. Porque siempre te e
Apreciado. Fiel a ti he sido y hoy
Me tengo que marcha. Por que
No me has protegido y en la
Prisión vivo. Sin saber de tu
Cariño. Por eso mi Amor por ti
Se ha ido. Porque tú no has
Sabido. Comprender lo que e
Sufrido con lujo. Te tengo que
Abandonar porque si no en la
Cárcel siempre voy a estar. Y los
Años en mi caerán. Y Viejo voy
A estar y a quien le importa
Como yo sufro. Por eso me alejo
Del lujo. Cuando arrepentida
Me abandonaste. Ahora pones tú
Comunicación de lente. Cuando mi
Corazón por ti no late. Comete este
Chocolate y márchate.

Observación y declaración

Mi color favorito es el blanco.
Por eso te hablo con el Corazón
Y nunca te engaño. Pero cuando
Caminas de tienes el trafico. Por
Que todo el mundo. Te quiere ver
Porque eres una bella mujer.
Tus labios se ven dulces como el
Caramelo. Por eso tus dientes brillan
En el Espejo. Cuando tú cabello
Largo Brown no se puede ver
En cualquier lugar. Pero tus ojos
Son Especial. Por eso tu piel siempre
Se deja acariciar. A un que te
Gusta la alegría. Por eso saltas y
Brincas. Porque en tus labios
Llevas una sonrisa sin importar
El tiempo ni la brisa. Tus ojos
Siempre brillan. Parece que va a
Llover. Por eso feliz tu me iras a ver.

Deseo y Expresión

Yo quiero comprar un mono que
Vuela. Para que haga realidad
Mis sueños y metas. Cuando
Yo montado en un unicornio
Vuelo por cualquier lugar del
Planeta. Y los duendes a mi
Me respetan. Porque ellos corren
Bicicletas. Cuando esta la luna
Llena. La corriente de los ríos
Comienzan a cresar. Y los marcianos
Desaparecen .por eso yo me arranco
Los cabellos y los dientes por
Que yo no soy de este planeta.
Cuando todos duermen. Me
La paso Escribiendo letras.
Porque vivo en la imaginación
Y son poco los que comprenden
Esta situación. Por eso con
Jesucristo tú debes de
Pasar más tiempo. Para que
Pueda tu Espíritu llegar al cielo.

Sentimientos por Jesús

Jesús me saco de el
Camino de la soledad y
Tristeza. Por eso yo rezo. Quiero
Vivir en paz y a tu lado
Estar. Con mi bella sonrisa que
Sale en mis labios al yo
Despertar. Feliz me siento al
Saber que tu siempre en
Mi vida vas a estar. No me
Importa la sociedad. Porque Jesús
En mi Corazón esta. Nunca
Me abandone Jesús. Por que
Siento la Alegría y quiero vivir
Para ti todo los días. Apóyame
En esta vida. Porque sintió
Yo no sé lo que es la Alegría.
Y no me importa quién me
Critique. Si Jesús en mi
Vida vive. No me importa
Lo que no está a mi alcance.
Si Jesús sabe lo que hace.
Vivo alegre y no me importa.
Si tú me quiere. Jesús en
El cielo siempre te quiere.

Tu mundo es Alegre

El sol se en cuenta muy
Alegre y las nubes están
Felices. Porque la brisa se a
Enamorado de la soledad. Por eso
Viaja por cualquier lugar. Y
La naturaleza se Alegra al
Saber. Cuando una noche te
Quiere acompañar con sus
Estrellas. Por eso tu boca es
Bella y las Esperanzas del
Destino. En tu Corazón siempre
Ha vivido con la paz del
Fruto que hay en el Amor.
Por eso en tu Corazón cabe la
Humildad y el valor sincero
Cuando respire. El aire que te
Ayuda con el agua a sobre
Vivir. A un que el aguacate
Pensaba mudarse con el sol.
Porque yo a tu lado me sí ento
Mejor. Saboreando tus labios.
Por la tierra camina un Marciano.

La vida en El Mar

En el mar se puede ver. Los
Peces y los pulpos. Pero tú eres
La Dama que siempre escucho.
Cuando los caruchos. Se la
Pasan Nadando. Yo me en cuentro
Feliz de tener te a mi lado. Por
Que las ballenas respilaron. Pero
Yo me en cuento de ti enamorado
Cuando la foca se la pasa en ti pensando
Por eso los cangrejos del agua se están
Marchando. Porque yo beso tus bellos
Labios y los Tiburones siguen sus
Presas masticando. Mi entras que
Yo te sigo todo el tiempo deseando
Cuando los camarones no quieren
Estar en el Mar. Pero yo sigo apreciando
Tu belleza. Las almejas viven el
El mar y de bajo de la tierra. Pero
Tu eres la dama que me Alegra.
Cuando las sardinas saben Buena.

El Amor de Jesucristo

Veo la luna llena y me pongo
A pensar. Jesucristo en mí
Vida quiere estar. Por eso yo
Debo de ir a una iglesia. Por
Que cuando Jesucristo llora
En el cielo. Caen lluvias de
Gotas bendecidas sobre la
Tierra. Las flores crecen. Los
Pájaros vuelan. Veo la claridad
Por que Jesucristo en el cielo
Esta. Comienza un Nuevo día
Sale el sol y brilla. Pero a un
Jesucristo te quiere todavía.
Yo gozo de la brisa y siempre
Camino con camisa. Cuando
El Amor se alimenta con
Alegría, sentimientos y calor
Por eso cada día crese en el
Corazón. Pero tú no sabes de
Que palo esta la estilla.
Acercarte a mi si quieres un
Amor para toda la vida. Cuando
Sale el sol y la nieve yo te
Hablaso si tú me quiere.

El aire y el cielo

La Alegría si la acompañas
Con el aire del día. Velas como
En tus labios brilla. Y a los
Demás contaminas. Y se animan.
Cuando en el cielo no se
Puede ver un ave volar. Pero la
Brisa comienza a dejar de
Soplar. A un que el silencio todo
El mundo puede escuchar. Por
Que está nublado el cielo. Cuando
Veo la lluvia como comienza a
Caer sobre mi ventana. Pero
Tú eres la dama que mí
Corazón ama. Sin importar la
Oscuridad. En el cielo hoy te
Expreso como te quiero. Cuando
El aire dejo de soplar. Pero yo
Lucho por tu bienestar. Por que
Tú eres la dama que en mí
Corazón siempre puede estar.
Tu cariño y comprensión. Son
Los que nos unen mejor. A
Un que el tiempo pasa y no
Se dé tiene. Pero tú siempre
Me quiere.

La hermana

La hermana podrás reconocerla
Porque no es tu madre. Es la
Que cuida de ti si algún día
Tienes hambre. Ella sabe como
Tu Corazón lata. Por eso te prepara
Una taza de chocolate. Entre
Normal y Especial. Tú siempre
Con el Corazón la amaras. Con
Paciencia y Alegría ella te
Cocina. Un desayuno con
Cereal. Porque tu amor en ella
Se refleja. Comiendo pollo con
Papas fritas. Ella siempre te
Anima. Y tus sentimientos
Nunca lastima. Por eso ella
Es la hermana que tú quieres
Cada día. Comiendo espagueti
Con mantequilla. Ella tus
Secretos guarda para toda la
Vida. Cuando pescado con pan
Pero junto a mi hermana
Tengo siempre mucho Amor
Y paz. Y como ella sabe rezar
La acompaño a cualquier lugar.

Días de semanas

Lunes es el día que tu
Corazón con el mío se
Une. Cuando martes tu y
Yo seremos Buenos y mejores
Amantes. Hasta llegar el miércoles
Que decidimos es coger este
Día. Para la boda y se a
Cerca jueves. Cuando a
Un estamos de luna de miel
Y llueve con brisa seguida
Porque el viernes Nacerá
Nuestra hija querida y el
Sábado Estaremos a Primera
Hora en la iglesia adventista
Porque todo los domingos
Celebraremos una fiestecita
En la parte de atrás de
Nuestra casita la cual
Siempre será de nuestra
Santa hija. Por eso feliz
Vivimos la vida. Y siempre
Leemos la biblia.

La finca solitaria

La sabana y el queso no
Mesclan. Pero tú y yo caminamos
Hasta que a monesca. Por que
Tu nunca a mis besos te
Resiste. Y tus dulces labios
Como la miel son los que se
Dejan besar una y otra vez.
A un que tienes una cascada
Solitaria. En una finca que
Huele a rosas. Bien profunda
Y oculta yo tengo una submarina
Para navegar lo profundo. Deseo
Tus labios besar y de tu
Cascada saborear. Lo dulce
Que puede estar. Y con mí
Submarina navegando. En
Lo dulce de la profundidad
De tu cascada. Y visitar
El volcán volador. Pero yo
Soy el único que teda
Amor. Y me llamas atrevido
Porque gozas de todo
Lo que miro.

El Frio

En mi habitación el Frio a
Llegado y mi corcha quiere
Traspasar. Cuando en la
Habitación rondando a un se
En cuenta. Yo debajo de la
Corcha estoy temblando y me e
Que dado soñando. Pero poco
A poco el frio se ha marchado
Cuando la paz en la habitación
Se da en contra do yo que estaba
Soñando. Me levantado y los
Reflejos de la claridad en las
Paredes están y otra vez acostado
Me iré a soñar. Ya que la paz
En la habitación esta por eso
Puedo ser feliz. Sin que el
Frio me vuelva a molestar
Porque los reflejos de la
Claridad en mi habitación
Sé que darán.

El cielo y las Estrellas

Me gusta tu cabello me gusta
Todo lo que veo.
Junto a ti me desespero
Por eso es que te quiero
Porque todo lo piensas
Primero si me puedes llevar
Al cielo donde solamente
Se puede ver la luna
Y las Estrellas y la oscuridad
Siempre es la que se apodera
Y tú sigues siendo la
Mujer más bella donde
Yo sueño con algún
Día ver la luna y las Estrellas
Si yo fuera una Estrella
Alúmbrala siempre a
La mujer más bella
Por eso te digo todo lo
Que tú quieras

Un secreto Amor

Una flor quería caminal.
Y Espero que todo el mundo
Se fuera a sonar. Cuando
La luna su casa comenzaba
Alumbrar. Ella en seguida
Comenzó a caminal. Pero decidió
Que mejor era volar. Por eso de
Prisa los campos. Pudo a travesar
Y llego a la ciudad. Donde en
Un bar. Se puso a bailar una
Salsa. Luego de acabarse la
Música. Se tomo un tequila
Y comenzó a bailar en la
Silla. Cuando pocas horas llego
Un clave. Ahí fue que ella
Demostró el Amor por él. Por eso
Es que su olor. Cualquiera
Lo puede oler. Y esta fue la
Historia de la flor y el clave.
Pero si algún día la puedes
Ver. Te gustaría regalarla a
Alguien. Por eso el clave siempre
Despierta un Amor. Que en ti
Puede hablar

Juntos

Cuando en el campo. El coquí
Puede cantal. Por eso tu y yo
Podemos respirar. Mi entras que
El picaflor sigue volando. La
Abeja sigue la miel cultivando
Por eso Jesucristo en el cielo nos
Puede ver y yo te deseo todo
Los días en mis brazos tener.
Porque tú me sabes comprender
Por eso yo hoy como cereza. Por
Que me gusta como tú me besa.
Y besa con besa. Se fue a aquella
Tristeza. Porque siempre pienso
En ti y en tus bellas piernas.
Y como eres tan tierna. Siempre
Te acompaño a donde quiera.
Por eso vivo Feliz en la primavera.
Porque tu no vuelas y yo
No corro. Por eso felices caminamos
Con gorros.

Desahogó

Cuando el calor a taco. El
Hielo se derritió. Por eso prendo
La luz. Para sentirme mejor
Cuando la puerta continúa
Serrada. Mis palabras las transformo
En letras. Para que me puedas comprendas.
A un que nuestro Destino ya
Mejora. Con un éxito organizado
Nosotros seguiremos. En sueños
A un tranquilo Amor. Hacienda
Juntos parejas sinceras
Siempre felices con amor podemos
Tener mucha tranquilidad
Sentimental. Para en nuestros
Años. Esta realidad y Feliz
Tendría. Actualmente una
Función para comprender y ser
Talentosa en momentos más
Nobles de querer tener buen Amor.

Enamorarse

Lunes es tengo todas mis
Esperanzas y sentimientos hacia
Estar soñando e imaginando
Nuestro destino Amoroso. Con
Una noble inocencia que me
Inspira hacer inmensa labor
Talentosa y organizada. Cuando
Nosotros en lugares lujosos
Y afortuno. Somos Buenos y
Obtenemos unos ren cuentros
Nobles en el Corazón. Cuando
Amor reúne mucho en nosotros
Porque es lo que conocemos
Y todo será Amor. Mucho Amor.
Entre nosotros hay luz simpatía
Impacto y gozo. Cuando luego es
Relajada en ver Amor largo.
Orgulloso nosotros gozamos hoy

Mundo invisible

En el mundo invisible. Los
Unicornios son los gobernantes
Pero los caballos son los dueños
De toda clase de deportes. Pero
A un tu sueñas con poder
Enamorarte. Pero el pintar no
Sera un arte. Es el oficio del
Cocodrilo en seña. Sus dientes
Con filo. Mi entras que se
Toma un vino. Yo en ti siempre
Confió. Cuando los Leones vuelan
Por todo el planeta. Tú sigues
Siendo la Dama que todo el
Mundo respeta. Ya nadie peca
Pero tú serás siempre le Reina
Del planeta. Y yo seguiré
Siendo El Poeta. Que Alegra
Tus sueños y metas. Por eso
Es que tú siempre comes
Chuleta. Y pan con Bisté.
Cada día yo la quiero más
A usted.

Pura honestidad

Hable las puertas de tu Corazón.
Para que mis sentimientos
Entren con una Buena razón.
Cuando te sientas halagada.
Por la Alegría recuerda que
Yo soy el que te anima. A
Caminal en el destino de
La vida. Cuando en la oscuridad
La luz de tus ojos brilla.
Siempre me gusta ver tu bella
Sonrisa. Que sale de tu
Jugosos labios. Con tu dulce
Voz que es recibida. En mis
Oídos en cualquier momento
Con la ternura de tu piel
Cuando recibes todo el cariño
Que yo te brindo. Porque en
Ti confió mas a un que
Quieres que nos casemos
Para tener niños. Yo siempre
Feliz estaré de a verte conocido
Por eso te entrego este lujoso
Anillo. Para que sepas que yo contigo
Me caso en cualquier año. Sin
Importar que sea el mes de mayo
Porque tú eres la Dama que
Con todo el respeto Amo.

Parque de fiesta

En el parque de las fiestas
Todo los niños se en cuentran
Chupando paletas. Cuando en
Sus labios. El sabor de la uva
Se queda. Se pueden ver las
Palomas volar. Desde cerca. Cuando
El sol toca sus alas sin importar
Donde amanezcan. Siempre los
Cocodrilos se en contralan
Dormidos. Porque a noche estaban
Tomando vino. Cuando las Elefantas
Se la pasaron cosiendo con hilo
Sus propias farades. Para luego
Bailar. Una canción de salsa
Ya los caballos en el escenario
Cantaban. Cuando los monos
No sabían nada. En el parque
De las fiestas. Todo comenzaba
Por eso los niños alegres gozaban
Para ya el lunes regresar a sus casas.

Un Secreto

Hoy lees de un Poeta este
Escrito. Cuando me inspira al
Ver lo bella que Dios te hiso.
Por eso soy planetario el hombre
Que defiende la naturaleza
Y el Corazón humano. Pero
Seguro yo sé que esto paso a
Noche. En un sueño me quede
Con el deseo de poder observar
Tus bellos ojos. Cuando me hacen
Recordar a un tu Dulce y delicada
Voz. Cuando sale por el frente de
Tus jugosos labios. Que se en
Cuentan tapados por tu negro
Cabello largo. Cuando a un tu
Linda nariz continua su respiración.
Una sonrisa se escapa de tus
Labios. Cuando tus pestañas me
Están llamando. Te observo de la
Cabeza a los pies y me quedo
Acariciando tu piel. Que es
Del color canela. Cuando la
Siento tan tierna.

Pelean las frutas

Un día la piña se en contraba
Peliando con un mango. Pero
Tú eres la dama que amo.
Cuando la china y el guineo
Siguen de enemigos. Tu a un
Medas cariño. A un que la
Guayaba y la parcha no se
Hablan. Tu eres la que mi
Corazón guarda. Porque el
Coco y el tamarindo se la
Pasan bailando. Pero mi Corazón
Te sigue llamando. Cuando la
Manzana y la pera yamas
No pelean. Yo te llevo a ver
Las Estrellas. Cuando la uva y
El melocotón. Se la pasa todo
Los días de fiestón. Tú llegas
A mi vida para calmar mí
Corazón. Chuletas con guineo
Eres la dama que quiero y como
Yo soy serio. Hoy me siento a
Mirarme en el espejo. Y espejo
Con espejo yo a ti te quiero.
Porque sabes valorar mí
Cariño primero.

Imaginación

Yo nunca como guineo porque tu siempre
Te miras bella en el espejo.
Y como yo no soy Viejo. Por eso
Es que te quiero. Y como a ti
Te gusta bailar. En forma de
Caracol. Yo te Abrazo y te beso
Un montón. Pero no estamos en
Prutón por eso yo sé lo que es
Gozar un montón. Hoy me
Cómele un melocotón. Por que
Tú siempre vives en mi Corazón.
Por eso es que siempre Prendo la
Radio. Por que a ti te gusta
Bailar despacio. Yo no camino
Descaso. Porque me la paso en
Ti pensando. Y pensar son dos
Formas distintas de actual
Por eso yo a usted la se valorar
A un que ese ave no puede
Volar. Yo con usted me quiero
Casar. Se puede hacer en cualquier
Lugar. Pero llegaste a mí
Vida. Porque sabes triunfal. Y
Como hoy no es mi funeral
Siempre te voy amar.

Gusto

Sé que te gusta comer mucho
Coditos. Pero cuando estamos
Solos me besas todito. Por eso
Cada día que pasa me pongo
Para ti más bonito. Por que
Me gusta saborear. El lipstick
Cuando esta puesto en tus
Hermosos labios. Y como para
Ti yo soy sabio siempre me
La paso en el barrio. Y barrió
Con barrio. Tú eres la mujer
Que amo. Por eso es que te hablo
Para que sepas lo que por ti
Hago. Y como yo no soy un vago
Tú siempre te la pasas sentada
Con el guayo. Raspa que raspa
Las papas. Yo soy el que siempre
Te hablasa. A un que el tiempo
Pasa. Siempre me gusta comer
Calabaza. Bañarnos juntos es
La costumbre por eso fue que
Nos casamos un lunes. Por que
Es el momento que nos une.

Deseo volador

Tengo tu rostro grabado
En mi mente. Porque tu
Amistad en mi Corazón
Cada día crese. Y de tu
Ojos oscuros presiento
Un amor puro. Cuando en
La claridad. Tu sonrisa
A cualquiera anima.
Por eso te escribo este Poema
Dicen que soy numero uno.
Porque siempre se triunfal. Por eso
Me llamo cocoa butter. Por
Que junto a ti yo me
Siento joven. Nunca escalo
Montes. Porque tu siempre
Me hollé. Cuando me gusta
Manejar un helicóptero. Por
Que siempre quiero volar.
Pero en tu Corazón yo se
Lo que es amar a un que
Siempre vamos juntos al mar
A ver las olas y los vientos
Por eso junto a ti yo nunca
Me en cuencuentro hacienda cosas
Malas. Porque tú eres la mujer
Que me ama. Por eso siempre te llevo

A una parranda. Porque me gusta
Escuchar tus palabras las cuales
Mi Corazón guarda.

La verdad

Por decir la verdad. Vivo en la
Soledad. Por decir la verdad. Todo
El mundo de mi lado se aleja
Que es lo que pasa Cuando amo
A una mujer bella. Si servicial
Y sorprendente es el destino
Formado. Hoy yo te agradezco
Por todo lo que me has dado.
Con mi esfuerzo dispuesto
Seguramente. En el viaje
Del destino serán acompañados
Tus Sentimientos. Sé que tienes
El Corazón herido. Pero no te
Preocupes. Tú y yo podemos
Ser Buenos amigos. Dos Corazones
Un camino Por eso te saludo
Con cariño. A un que no
Puedo ver en esta oscuridad
Pero tus Sentimientos son
Los que me ayudad a caminar
Clase esperanzas. De escuchar
Tu dulce voz. Olvido la
Soledad. Porque tu rostro
En mi memoria esta.

Mensaje

La temperatura a cambiado de la noche a
La mañana cuando el sol paro de
Alumbrar el aire desapareció sin explica
Y la alegría no se pudo mas mirar cuando
Los corazones dejaron de amar todo esto
Pudo pasar pero si tienes Fe en
Jesucristo nada teira a pasar estas a
Tiempo de cambiar antes que todo esto
Pueda pasar hoy ríes brincas y salta pero
Luego te vas Alimental y si en Jesucristo
Tú no quieres estar a Provecha ahora que
Estas en vida para que no te puedas
Lamentar Cuando todo esto oscura
Recuerda que Jesucristo te Escucha a un
Que para ti la vida no será dura si con
Jesucristo tu madrugas recuerda que él es
Dueño del mundo que te alumbra.

Declaración

Yo soy el Boricua que por
Tu amor se esclaviza.
Déjame besar tus pies
Sin importa donde este
La brisa. Tu siempre serás la
Que mi Amor conquista por que yo
Siempre seré un electricista
Para saborear tu dulce
Sonrisa. Por eso es que hoy
Tú me ves corriendo en
La pista. Porque yo no soy
Ningún artista. Por eso es
Que te gusta la pizza.
Yo no ando detrás de ti
Pero siguiendo la brisa. Yo lo
Que quiero es tu conquista
Por eso junto a ti nunca
Soy egoísta. Tomate este
Jugo de mabí para que te sientas
Feliz y puedas gozar junto a mi
En este país. Acuérdate
Que no estamos en parís
Solamente disfruta del amor
Que tengo para ti.

Valorando una mujer

El cielo está oscuro yo
Siempre te escucho. Por eso
Junto a ti tengo un amor
Profundo. Por eso yo camino
Alegre por el mundo. Yo no
Fumo. Pero soy el que más
Lee de tus labios profundos.
Con delicadeza yo me
Entrego a tu belleza. Por
Que tú eres la mujer que
Por mí siempre reza. Mi
Entras yo me como una
Dulce cereza. Tú siempre
Me espera sentada en
La mesa. Por eso yo no
Como mayonesa. Por que
Me gusta como tú me
Besas. Y hoy es un mes
Que se fue a aquella tristeza
Por que llego tu belleza.

Los 7 días de la semana

Domingo es un día donde todo
El mundo se divertía hasta
Que llego la noche donde las
Estrellas en el cielo se unen
Y aparece un lunes mi entra
Que algunos corren a sus
Trabajos otros se en cuentan
Soñando y no trabajan ni
Por el Amor al arte. Cuando
Marte es el Nombre hasta
De un planeta y son pocos
Los que colectan. Pero como
Miércoles no hay quien se
Amanezca. Cuando llueve
Hasta el jueves. En tronces
Todo el mundo está alegre
Al saber que social es un
Viernes y se van de parí
Hasta el sábado donde
Unidos llego un domingo

Observación

En un misterio vive un secreto y en el
Secreto está el silencio. Por eso espero la
Noche para ver cuando llega la luna y todo el
Mundo se perfuma. Creativo cristal me has
Diagnosticada elegante cortesía Por eso
Siempre en ti vive mi Alegría. Si verde es la
Esperanza y blanco la paz. Cuando Amarillo
Es el sol que da brillo y azul al cielo es
Cuando Negra se puede ver la noche y el
Corlado es el Amor que para ti a llegado al
Tomar la agua que es trasparente veras con
Tus ojos como se caen las hojas blown de los
Arboles. En el otoño. Estos son los 8 colores
Mas observados en todo el planeta y tú
Sigues siendo la dama que mi Corazón alegra
Porque alegra con alegra tu siempre te
Conservas bella.

Deseo de Amor

Están lloviendo flores y son
De las mejores. Mi entras tu
Me hoye. Yo corro en carcones.
Porque hoy tomare un tren
Para que me Enseñe lo que
Es querer. Junto a ti quiero
A amanecer y la vida comprende
Por que una persona me pregunto
Porque te gusta la tuna. Por que
Yo a ti te llevo a ver la luna
Te gusta la naturaleza y a mi
Tu belleza. Déjame acariciarte
Antes que amanezca. Quiero soñar
Y contigo triunfal. Me he Ganado
El Premio. Por saber te escuchar
Sé que te gusta el pez. Déjame
Acariciarte por primera vez. Para
Que sientas lo que es el Amor
Cuando se entrega de rodillas
A tus pies. Por que tus manos
Saben a miel. Oigo la paz que toca
Mi puerta. Cuando la abro entras
Tú por ser la mujer más tierna.
Si tú tienes sal y yo tengo paz.
Vamos a unirnos para gozar. Te
Veo en el alta. Tu amigo el que te ama.

Declaración de Amor

Veo que se hable una puerta
En el cielo. Y hoy te Expreso
Como te quiero. Cuando
Prendo la luz y atrapo la
Alegría. Por eso feliz me
Siento al saber. De ti
Cada día vivo alegre de
Los sentimientos que habitan
En lo profundo de tu Corazón.
Y de tu hermosos labios que
Son lo mejor. Tu Mirada
Me a conquistador por alguna
Razón. A un que me en
Cuentre en esta situación. Tu
Siempre estarás en mi Corazón. A
Un que sepas contemplar el
Cielo y las Estrellas. Yo contigo me
Quedo en esta Primavera. Por
Que en el Espejo de tu
Corazón. Brillan los Sentimientos
Del Amor.

Deseo y observación

Cariño te invito a compartir
Este Amor. Que debe de
Ser para dos. Como las
Estrellas y el aire. Hoy llegas
A mi vida para que darte.
El aire, las Estrellas yo te
Beso por donde quiera: la noche
Y el día se han que dado en
Mi vida. Con el aire que
Dios Nos da todo el día. Y
Delicioso se pueden ver tus
Bellos labios. Con el color canela
De tu piel completa. Siento
Que tu cuerpo me Espera. Y
De tus ojos ósculo siento
El Amor profundo. Que me
Llama pero tú eres una
Mujer que me Extraña.
Por eso me gusta ver tus
Pestañas. Con tu cabello largo
Que a veces tapa tus labios
Junto a ese Cuerpazo. Yo
Siempre termino Soñando.

Tristeza y alegría en una prisión

Has que te hago un Poema
De una observación. Duermo
Abrasado con una almohada.
Y sueño que me adora. Pero
Las comidas son sosas.
Y en el cielo un avión
Nunca pasa. Por eso como
Pan con mostaza. Mi entras
Que tú lees lo que me pasa.
Llevo dos años y ocho meses.
Sin comer calabaza. Por eso
Estoy cansado hasta de ver
Los guardias. Pero me gusta
Ver en el cielo. Las estrellas y
Tú me preguntas sobre mi vida
Entera. Por eso feliz me siento
Al saber que me aprecias.
Y quisieras conservar mí
Amistad. Por eso te escribo
Todo lo que te gusta pensar.
Porque a tu lado quiero
Estar. Y en el futuro abrasados
Juntos poder caminar.

Deseo en una declaración

Preciosa querida: se refleja
Tu bella Presencia. Eres
Impreso Mable. Junto a ti
Me siento amable y a
La misma ves inagotable.
Queriendo ser joyero. Para
De tu Amor ser primero. Y
Tus labios mi alma traspasar
Cuando este acostado en
Mi cama. Depositar mí
Cabeza en la almohada y
Contigo Soñar que me amas.
Junto a tus ojos que
Brillan. Y yo sigo siendo el
Hombre que por ti lucha en
Esta vida. Y nunca tú
Interesante Sentimientos lastima.
A un que hoy estoy sentado.
En una silla yo cuido tú
Vida.
Porque eres Latina y no
Me gusta comer mantequilla.
Por eso siempre rezo por ti.
Día a Día. Perfección
Refugio yo te entrego mí
Amor puro.

Jesús traspasando el amor

Mi Corazón brilla. Por eso
Contigo me he sacado la
Lotería. Y ha llegado el
Gran día. Donde yo te
Cuento mi alegría.
Jesús ha venido al mundo
En forma de oración.
Gracias por Escuchar. Mis
Poemas de Amor. Y guardar
Un Espacio en tu Corazón
Dios apóyame. Y a acompañarme
En el camino.
Yo no sé lo que es vivir
Si no te tengo junto a
Mi luchar sin tener te a
Ti en el Corazón. Que pasara
El día que yo sarga de
Esta prisión. Si solo vivo para
Ti Que dios bendiga con
Alegría nuestro Amor el cual
Siempre llevamos en el Corazón
Y Podemos Expresar o darle
A otra Persona. Porque el
Campo huele a ti y desde lejos
Se hollé un coquí.

Nunca me quisiste

Deseo de tenerte en esta
Soledad. Tus palabras no
Las escucho por no saber donde
Estas. Y en mis sueños te
Puedo ver pero no tener. Siento
El aire que me toca. Pero extraño
Tus besos en la boca. Pienso
En ti a cada horas. Pero la
Soledad es la que esta. Me
Inspira poder hoy llevar un
Tatuaje marcado en la piel.
Para recordar tu Amor. Por
Que te has marchado sin
Darme una Explicación. Por eso
Tu nombre marcado llevo. Sin
Saber que caí en tu
Trampa de Amor, sufrimiento
Y dolor. Por eso me enamore
De tu Corazón. Hoy
En frente la situación.

Nacimiento de Amor

De día sale el sol para
Alegrar a todo el mundo
Sin importar raza ni color.
Mi entras que en la
Noche sale la luna para
Contemplar la ternura.
En mi mente estas presente
Y en mi Corazón tu Amistad
Crese. Y la sangre que corre
Por tus venas se ha convertido
En primavera. Y tú sigues
Siendo la mujer más bella.
Donde veo la claridad de
Lo que puede pasar. Mi entras
Que en el cielo. El agua
Y el aire se han que dado
Pasmada. Porque tú eres
La mujer que me ama.
A un que te cuento lo
Que me pasa. Tú sigues
Siendo la que me hablase.
Por eso contigo me caso
El día de las calabazas.

De dicasio a un Amor Espacial

Cuando leas Este libro
De Poemas, amor y cortesía
Comprenderás porque mi
Corazón por ti siempre
Brilla. A un que tienes
Una cara de niña trepada
En el cuerpo de una clásica
Mujer. Bellísima talentosa
Alma mía que Dios te
Bendiga tu profundo Corazón
Sin importar la de mora
Hoy mi Corazón de ti
Se Enamora. Con tu
Perfecto Esfuerzo. Por mí
Es el que nos hace combatir
Los recuerdos de aquel Amanecer
Donde nuestras Almas se
Unieron en Amor. Y nuestra
Hija fue la que nació.

Nace el Amor

En la industria de tus
Sentimientos fieles. Hoy te vengo
A informal porque quiero
Fabricar un secreto dialogo
De tus bellos Pensamientos.
En unión a tus dulces
Labios. Y con la luz de mí
Corazón. En el Banco de
Tus sentimientos. E depositado
Mi Corazón y el interés
Que me has dado acido
Amor. Porque en la memoria
De mi celebro tu rostro
E grabado. Por eso junto
A ti me siento Enamorado.
Y con el bolígrafo en el
Papel deposito mis Sentimientos.
Amarillo y gris es el Amor
Que yo quiero para ti. Por que
Las almas de la militar
Son para destruir. Pero
Junto a ti. Yo me siento feliz.

Consejo

Yo te puedo ayudar. Pero tú
Necesitas mis palabras escuchar.
Porque la luz todo el mundo
La necesita al igual que tu.
Como el agua. Todos la usamos
Para tomar, comer o bañar. A un
Que el aire es el campeón
Universal. El sol, la oscuridad y
Las Estrellas nunca dicen nada.
Pero el cielo siempre lo acompaña
Y cuando hace calor es por que
Se en cuenta en descanso. Y
Cuando a veces comienza a
Llover. Es porque el agua se
Ha mesclado con él. A un que
Vuelan las aves. Pero el
Amor llega a ti sin que lo llames.

Confección

La noche esta oscura junto
A ti he descubierto la luna. Por
Que tu Corazón siempre me
Alumbra. Mi entra los pájaros
Vuelan en el cielo. Tú me escucha
Porque te quiero. Veo que te
Gustan mucho los diamantes. Pero
Yo solo quiero ser tu amigo y
Todos los días amarte. Pero
Te dedico en Especial los
Días martes. Porque la barquilla y
El lápiz son enemigos. Pero cuando
Yo te miro más me animo. A un
Que la miel sabe Buena. Pero
Querer te a ti es mejor que vivir
La primavera. Llego el otoño lleno
De miel junto a ti aprendí a
Querer. Por eso te regalo esta flor sin
Importar el color. Tú siempre para mí
Serás la mejor. Y si tus besos
Saben a Fresa te saboreo lenta.
Si saben a melocotón. Te beso y te
Acaricio un montón.

A usante de comunicación

Hoy el frio se con virtio en
Calor. Y yo Te regalo mi amor.
Porque ella es la mejor en
Mis Sueños. Deseo saborear
Sus bellos labios. Mi entras
Ella se en cuenta Pensando.
Yo la sigo deseando. Llega la
Primavera. Las mariposas vuelan
Por el desierto y la lluvia le
Dice al sol. Tu siempre estas
Calentando. Y el sol le dice
A la lluvia. Tu siempre estas
Fría. Porque de esa mujer de
Mi se acuerda todo los días. Por eso
Yo soy bien delicado. Al escuchar
Sus labios. Porque ella me
Hace tan feliz. Por eso le
De dicho el resto de mi vida
A ella. A un que en el
Fondo de un manantial.
Descubrí que ella lucha por
Amar. Por eso yo la se apreciar.

Comidas honestas

Espero a pan cake y syrup
Se fueron al barcón y cuando
Llegaste tu gano el Amor.
Porque la pizza y el mar
Son saladas. Pero yo nunca
Me canso de escuchar tus
Palabras. Y como zanahoria
Por que junto a ti descubrí
La Gloria. Porque eres la
Mujer que nunca me odia.
Y como la sal sola sabe
Mar. cuando te veo me
Haces triunfal. Por eso prendo
El televisor. Para que te
Sientas mejor. Mi entras
Te doy un masaje en
Los pies. Para que se te
Quite el estrés. Por eso es
Que yo la quiero a usted.
Porque paleta y mango se
Quieren un montón. Pero
Tú eres la mujer que
Me conquisto.

Ilusión

Placer usted es la
Única que me puede
Comprender. Hace mucho
Tiempo que la deseo.
Porque usted es cariñosa
Amable y servicial.
Por eso en mi Corazón
Siempre la voy amar
Porque eres mi Esperanza y
Dulce alegría. Alumbras
Mi Corazón sin importar
El tiempo ni la briza siento
Que me Inositas por eso quiero
Respirar el aire que sale
Frente a tus labios. Por
Que contigo quiero seguir
Soñando si algún día me
Desmayo recuerda no es
El mes de mayo. Esto es
Solamente un relajo que
Te hago por que a ti no
Te gusta el ajo.

Fijación

Humilde siempre es por eso cese pilla
Los dientes con pasta cress. Por que
Todo el mundo en ella cree. Cuando
Tú tienes la pieza que yo necesito
En mi Corazón y es el bello Amor
De tus dulces sentimientos. Con
El olor de tu piel que es perfecta
Y tu Corazón que es lo más que
Yo quiero. Porque yo se que te
Gustan las galletas de vainilla.
Porque mi Corazón por ti brilla y
Si comes mantequilla. Te regalo
Mi Corazón por toda la vida.
Por eso todo me lo como con agua
Hervida. Porque me gusta tú
Bella sonrisa. Y me gusta el olor
De los calaveres. Junto a ti
Mi amor siempre es sin
Escalones. Por eso en ti esta
Mi empeño. Porque eres
La mujer que en tiendo.
Por eso te creo cuando me
Dices que siempre te acordaras
De mi primero.

Los Horóscopos

Tauro fue uno que se
En con traba en el gimnasio
Esperando. Por géminis. Cuando
Nacer en la oscuridad. Puede
Ser tu felicidad. Y cáncer
En tu puerta puede estar.
Y Leo nunca se burla. Por
Que sabe resal. En los
Expertos del futuro. Virgo
Es uno que siempre anda
Con libras. Porque escorpión
Algún día. Puede estar en
Tu balcón. A hitado sigue
Sagitario. Cuando un día
Llego capricornio. Todos
Pensábamos que estaba
En un acuario. De
Diferentes países llego pichis.
Y Aries se de tubo.

La reunión en Puerto rico

Los Boricuas estamos
En candela. Cuando los
Mexicanos a Puerto rico
Llegan. Los cubanos los
Reciben con las manos. Y
Los dominicanos caminan
Por mi barrio. Cuando los de
Japón llegaran en un
Avión. Los de china estaban
Con una sonrisa. Y los
Chicanos estarán sentados
En el parque gozando de la
Brisa. Sera cuando los de
Nueva york correla en caballos.
Los de Colombias llegaran con
Ramos en las manos. Los de
Ecuador los versa en la playa
A montón. Pero los de Rusia
No le gusta el tren. Pero
Llegaran en jet. Y que te parece
Cuando los de Venezuela llegaran
A pie. Ahí fue cuando argentina
Comenzó una fila. Por que
Bolivia siempre camina. Y
Nicaragua nunca se tarda.

Viajes cortos en Puerto rico

En Puerto rico siempre
Recibimos a los que vuelan
Desde lejos y a san Juan
Llegaran primero.
La perla, Caguas o Dorado
Yo siempre estaré a tu
Lado. Para que no te pierda
Yo te a consejo puerta de
Tierra y si te gusta como
Se baila.
Te puedes ir a isla de cabra.
Cataño, o Levittown. En sabana yo
Seca me he criado.
Manejando este taxi
Alquilado
Yo te llevo a Humacao
Gurabo o Loiza. Yo siempre
Como pizza. Guaynabo o
Ciales. Tú me pagaras
Por este viaje.
El yunque es el pueblo
Donde nunca se hunde. Pero
Si te gusta el perfume. Yo
Te llevo a Santurce. Y en
Rio piedras. Te podrás tomar
Un liquido de mango, piña
Y parcha. Pero de Puerto rico
Tú nunca te marcha.

Seguridad

Sentencia: una soledad
Alejado de la comunidad
Permanece en mi interior
Rostro servicial siempre de
Ti puedo contal. Y mi vida
Cambial y sobre llevar
Lo positivo del deseo de
Una sonrisa confiable y
Tranquila hoy te cuento
Como son mis días en
Unión de la alegría.
Visitare un sueño en el
Cual mi alma voladora
Se va a pace al y regresa
Dentro de mí al yo despertar
Sin importar donde pueda
Estar. Yo con ella tengo que
Cargar y cuidar. Porque si no
Dios se va a Enojar por eso
Contigo me gusta dialogar
Porque tú eres una mujer
Que me sabe apreciar.

Conquista de Amor

Yo quiero ser un colibrí
Para tu amor sentir y
Ser la tierra. Para que
Me pises por donde quiera
Y cuando me con vierto
En primavera tu amor. Por
Mi se desespera por eso soy
El aire que siempre vuela
Y tú espera este Poema.
El viento me persigue
Y el sol me derrite. Por eso
Me enamore de ti por
Que el Amor existe.
Veo una vaca guiando
Un avión pero tú eres
La mujer que carma
Mi Corazón Por eso como
Chocolate en la prisión.

El llanto de un Corazón

Hoy lloro porque mi Corazón
Esta por ti roto.
Hoy lloro porque mis sentimientos
No los controlo.
Lluvioso están mis ojos
Por la vivienda de la
Soledad y tu rostro grabado
En mi memoria esta. No
Sé cómo te puedo olvidar
Si ha pasado el tiempo y
Todavía te Amo sin tu
Estar. Por eso tu rostro
Quiero de mi memoria
Quitar y Dios es el único
Que sabe lo que puede
Pasar. En el privilegio de
Mi Corazón se en mesclado
Tus sentimientos. Por eso
Yo de ti enamorado hoy
Me siento sin encontrar
Una solución.

La Historia de las Frutas

Un día en la playa un guineo
Caminaba. Con una manzana
Cuando la china estaba a costada
La Pera bailaba y el melocotón se
Reía de los dos. Porque la piña
Nadaba y la uva yo guiaba. Cuando
En la cima la guayaba se veía
Las sombas del mango aparecían.
El tamarindo daba El boletín del
Día la Parcha era bien venida
Y el coco se perdía en la ciudad.
Por eso la quenepa siempre vuela.
Cuando el limón corre patinetas.
La toronja se sienta a ver
Novelas. Cuando la acerola su
Auto maneja. El jobo siempre
Sigue Corriendo bicicleta. Y el
Gualamellow se convierte en
Atleta. Cuando el fruta punch
Corre en la calle mejor. La
Fresa a cava de ganarse un medallón.

Poder

Cuando el tiempo se detiene
Uno nunca sabe lo que pierde.
Quiero manejar el mundo pero
Tengo que aceptar que como
Dios no hay ninguno. Por eso
Hoy te Expreso mi Amor
 Profundo. Soy un descubridor
Y tu Amor para mi es el mejor.
Cuando la Alegría Borinqueña
Se refleja con mucha Impresión
Y lógica. A un qué bonito es
Reconocer. El interés leal con
La bondad y la Razón. Es
Importante cuando lucha y
Anuncia el brillante Amor.
Con una reserva bien infinita
Al actual con la bondad
Requerida. Cuando recibe el
Interés al finárisal. El balance
De una reserva muy infinita

El Zoológico Romántico

En el Zoológico Podemos ver los
Monos. Pero cuando yo te toco mí
Corazón se vuelve loco. Los
Cocodrilos siempre los puedes ver
Con la boca abierta. Pero me
Gusta ver tus bellas piernas. Mira
La emoción de la ballena. Pero
Tu Corazón me llena. Cuando
Nos sentamos a comernos una
Paella. Pero mira la jirafa se ríe de
Ella. Me siento emocionado como
Un León. Pero tú eres la única
Que me quiere con el Corazón.
Por eso cantan los canarios cuando
Tú me besas los labios. A un que
Es el mes de mayo. Las Tortugas
Siguen en su jaula bailando. Y
Yo te sigo Expresando lo mucho
Que te Amo.

Espíritu honesto

En cuentro normal entre
Rutina organizada. Cuando
Un Espíritu noble. En el
Reino obsequiado y Eterno es
Normal. Un Evangelio Cuando
Real es ofrecer. El especial de
La necesidad entre reconocer la
Oración. Como una función
Espiritual. Bien venida con
Respeto entre un Rosario y
Poder obtener fijación. En
La biblia. Cuando real es
Escoger el Espíritu y reconocer
Como la familia se expresa
Entre recién orden. Cuando
Feliz es el en cuentro Borinqueño
Y la Reina Especial. Es una
Razón para ofrecer ayuda
Importante en la labor con
Mucha atención. Cuando
Brillante Reino infinito es
Leal la Amistad por Buena
Razón de Iniciar una lucha

Disciplina

Amar no quiero más. Por que
Al finar me toca sufrir. Y
Hoy quiero de la vida. Poderme
Divertir. Por eso mi Corazón. No
Lo quiero compartir. Para no tener
Más una herida. Tu solamente
Puedes ser mi Amiga. Cuando
Normal es importante usar
El respeto. Ante mucha atención
Y reconocer cuando ocupar
El silencio Libre es tu yo.
Con anticipar lógica de
Muestra entre reconocer
Organizada. El noble argumento
Personal. Reunido en notificar
De lante excelencia la
Actitud ocupacional. Con un
Limite en cantado refleja
Excelencia y labor. Para este
Lenguaje ingenuo garantizado
Reserve opinión.

Declaración Amorosa

Cuando cae la tarde. Veo
Los pájaros volar. Si ento
Que tu Corazón me empieza
A llamar. Y gozar la
Alegría es Buena suerte. Para
Alimentar la necesidad ingenua
Cuando cariñosa y normal es la
Impresión, navegar entre lea les
El Corazón organiza nuevas
Disponibilidad. En cariño pero un
Amor debe tener Honestidad
En una relación importante
Es normal para la excelencia
Liberal. Un apoyo único rehace
A un la emoción organizada
Por nosotros. Yo bajo las
Estrellas. Te llevo a ver la
Primavera. Para que me
Comprendas. Cuando la soledad
En ti amanezca. Recuerda que
Yo puedo estar a tu lado
Si tú me ha cesta. Piensa
Y coge tu tiempo.

Expresión

Veo que te gusta comer
Muchos mantecados. Pero
Poco a poco tu Corazón me
Lo he Ganado. Con la paz que
Aumenta unidas en lugares
Inesperados y nuevos argumentos
Llegan con recién ubicados
De la Buena inspiración organizada
Es bonita la alegría. Cuando
Reina y bendecir la actitud
Recién de admirar. Con morar
Ordenada. Y mucho respeto
Indicado. Puede permanecer
Siempre apasionada. Ocupando
Un lugar a un recién este
En cuentro. Yo analizo nuestros
Gusto. Especial y liberal es
Importante. Cuando puede ayudar
A vuestro amor leal y especial

La Flor

Flor del rosal es siempre
Hermosa. Su calidad es
Natural. También Alegra
Nuestra tranquilidad.
Infinita con la bondad
Adecuada en el Corazón.
Es también especial de poder
Recibir igual aceptación. De
Su olor. Y lea les cuando
Al dedicar Esperanzas. Obedece al
Dios todo Poderoso en obra
Románticos en cuentros de
Amor noble. También se ocupa
A un de ser privada en
Relaciones. Cuando mantiene
El Amor Disponible en
Cualquier lugar.

Salidas Alegres

Lugar un Pensamiento
Ingenuo. Tenemos Amistad
Juntos organizamos nuevos
En cuentros. En vacaciones
Aumentan mucho en nuestros
Días. Deseamos exponer muchas
Salidas en lugares. Siempre
Deseamos tomar whisky. Por
Que es importante en cada
Kilometro tener mucha atención
Y paciencia con Alegría.
Luchamos entre todo nuestro
Acompañar. Reservas organizadas
Y seguras en cada lugar.
En un yate nosotros pensamos
Salir en la noche Buena. Sera
Cuando podemos hallar una
Esperanza al caminar con
Zapatos. Siempre estaremos
Acompañados el uno del otro.

Paciencia y Amistad con
Dios se puede en central

Paciencia a un tenemos
Y nuestra Amistad. Es
Valiosa con interés deseada.
Para apoyar una Definida
Seguridad. En el universo
Siempre Aparecemos. Normal
Atención gracias. Por nuestra
Organizada notificación. A un
Lindo es poder tener una
Amistad. Tan real importante
Cuando inicia al apoyar
Mucho Amor. Y necesidad toda
El respeto organizado. Lucha
Y ayuda a en contral al
Dios noble que es infinito.
En el cielo. Más tiene
Su propia atención con la
Naturaleza y Amor. A un
Reina invisible. Por ser siempre
Perfecto y organizado.

Buena despedida

Ha llegado el verano y podemos
Caminal agarrado de las manos
Porque te digo lo mucho que
Te Amo. Cuando el jugo de
Fruit fruit es bueno pero
Tenerte en mis brazos es lo
Que siempre quiero. Te llevo
Al manantial a soñar. Pero lo
Único que tú quiere es volar
Y que yo te sepa valorar. Sin
Importar donde despiertes. Tú serás
La Dama que por mí siempre
Si ente. El tiempo y los años.
Envejeciendo a tu lado. Me
Despido lleno me al cielo. Con
Una cereza. Para pensar en
Como tú me besas. Hoy descanso
En la vida eternal.

Imaginación sin Limetas I

El guineo llego caminando a
Un escenario para cantal. Pero
Tú llegaste al mundo para Amar.
Cuando la manzana quiere
Volar. Pero tú eres la única
Que me sabe escuchar. Las peras
Manejan el tren. Pero tú eres
La única que me sabe querer.
Cuando la cebolla a tu lado no
Quiere estar. Yo soy el único
Que te sabe escuchar. Por eso
El pimiento se burla de ti. Pero
Yo te abrazo a ti. Cuando el
Limón no quiere caminal más.
Yo soy el que te acompaña al
Altar. Porque la gelatina en
La pisina. Ya no quiere más nadir.
Pero tú eres la que me sabe
Amar. Cuando la piña manejaba
Su propio barco en el mar. Yo
Siempre he sabido tus palabras
Escuchar.

Sentimientos Honestos II

Sorpresas de Alegría es lo que
Tengo. En mi Corazón para ti.
Porque eres mi dulce querida.
La que guarda mis secretos y
Mi vida. Por eso Feliz me siento
Al tenerte todo los días, meses, y
Años. Yo contigo me caso
Sea en Marzo o abril. Yo te
Deseo a ti. En el palacio de
Mis preciosos sentimientos
Románticos. Los cuales te Presento
Por ser la dama que Amo. Cuando
Te reflejo todo lo que te hablo.
A través de mi Espíritu planetario.
Que es detallista y a la ves
Un en canto. De Tesoro
Por eso yo siempre te hablase
Y te apoyo. Que felicidad te
A tocado. Divina dama por
Ser un en canto. Por eso yo
Contigo hoy me caso.

Sentimientos atreves de una prisión

Servicial orgullo sin ti no puedo
Vivir. Porque eres mi razón.
Lindo servicio mágico en la
Oscuridad. El silencio brilla. Soy
El que a tu lado podría estar.
Pero me en centro alejado
De la comunidad. Tú siempre
Me Alegras. Por eso oro a cada
Mañana. Para que nuestro Amor
Cresca. Con tus pensamientos
Tan bellos. Cada día que
Pasa. Más te quiero poder
Conocer. Y de tu Corazón
Entender. Para poder te hacer
La dama más Feliz. Y siempre
Pienses en mí. Como yo me en
Centro pensando en ti a
Cada Segundo, hora y día. Por eso
Tú me animas. Y te deseo
En mi Corazón. Para toda
La vida.

La Leche

La madre te dará una leche
Especial. Cuando la vaca te
Mantiene hasta. El final por eso
La Leche si la puedes tomar
Los huesos fortalecerán. Cuando
Tus dientes brillaran. En la piel orgullosa
Las vitaminas les brindaran. Por eso todo
Los niños la necesitan en su vida. Para
Sus cuerpos desarrollar. Por eso sus madre
Son Especial. Cuando la Leche les dará al igual
Que cualquier animal. Mamífero. La leche
Necesita para sus crías Alimental. Cuando
Pronto crecerán. Y sus piel Bellas se
Verán. Por eso la leche ocupa. El Primer
Lugar. En alimentos líquidos. Todo niño
Y Animal. Al nacer la necesitara. Para
Sus vidas a umental. Sean flacos
Feos o gordos. Todos la beberán
Esto te lo garantizo. En cualquier
Lugar. La leche siempre triunfara.

La pizza

Hoy la pizza está de fiesta
Por que se celebra el cumpleaños
De su tienda. Por eso El chorizo
Y El queso se Alegran. Por que
Ella se deja comer de
Cualquiera. Sin importar la
Hora ni el día. Ella siempre
Caliente se veía. Cuando
Las babas se me atraía y
Al masticarla. Feliz me sentí
Cuando su salsa en mis
Labio tocaron. Su sabor
Ganaron. Por eso mis dientes
La disfrutaron. Y hoy se
En cuenta. En mi estomago.

El hambre

Este planeta está contaminado
Con muchas enfermedades. Pero
Hay una grande que todo el
Mundo sabe y en sus cuerpo
Todo el día cabe. En pieza
Con un mar de humor. Luego se
Convierte en dolor. Hay días
Que se quiere portal bien y
Solo quiere ser con pracida
Cuando hay otros momentos
Que no te quiere dejar en
Paz y con darle alimentos
Se tranquiliza. Que tú piensas
De la vida. Si ella vive en
Ti el ate persigue a ti. Sea
De día, tarde, o noche. Siempre
Estará sin importar como tu
Goces a un que si no la sabes
Cuidar. Ella tu vida por
Completa destruirla y a un
Tu no creps que Jesucristo
En el cielo esta. Que tú espera
Para tu vida cambial. Si
Jesucristo con el Corazón te espera.

La Felicidad

Siempre te hablaso para que me
Comprenda. Cuando mi Corazón
Por ti se Alegra. Por tu manera
De pensar. Por eso a tu lado
Me gusta estar. Observando
Soplar. Hoy Feliz tu puedes
Estar sin tiendo el sol al
Caminal. Cuando las Esperanzas
De tu Corazón. Me quieren Amar
Y las carisias de tu piel. Me
Comienzan a llamar. Mis
Sentimientos por ti son muy
Profundo. Cada día mas y
Como tú eres sincera. Por eso
Yo estoy a tu lado cuando
Más me desea. Para darme tú
Cariño y Amistad. Hoy yo me
Caso contigo. En cualquier
Lugar. Para ver nuestros hijos
Al mundo llegar.

Soy sencillo

Soy sencillo el que camina con
Unos rebook y un reloj y nunca
Te pide un beso. Soy sencillo y
Me peino con cepillo. Por eso mi
Cabello siempre tiene brillo y
Yo no brindo. Por que no tomo vino.
Por eso soy sencillo y vivo en
La soledad. Pero nunca fumo un
Cigarrillo. Porque mis dientes
Cuido. Y todos los días los cepillo.
Cuando me miro en el Espejo
Siempre brillo. Y nunca cargo
Con un anillo. Porque soy
Cocinero. Y no el mesero que
Te cobra. La cuenta del dinero.
Por eso es que me rio de todo lo
Que veo. Por eso nunca manejo
Porque todo lo carculo primero.

El clave

El clave es la Reina que
Tú puedes ver con su perfecto
Olor. Conquista cualquier Corazón
Por eso sus pétalos Colorado son
Y Alegre siempre la sentirás.
Por que vive en un jardín
De Felicidad. Se Alimenta del
Agua natural. Cuando la brisa
A su lado esta. Cada día
Más bella se en cuenta
Por eso su tronco tiene espinas
Porque se siente protegida
Y a la misma ves carga con
Varios ojos que son siempre
Color verde. Porque es la
Esperanza que ella al mundo
Es tiende. Con olor paz y
Claridad. Ella cualquier
Corazón conquista. Por eso la
Puedes conseguir. En una
Floristería o un jardín.
Cuando ella a un Espera
Por ti. Para hacerte más Feliz.

Los niños siempre son Ángeles

La bendición del Dios todo
Poderoso que les dé a las
Parejas unidas. Es de tener
Hijos. Cuando son ángeles que
Llegan al mundo. Pero cuando
Uno se masturba. Piensa que
Boto el semen. Pero no es hacin
Son niños ángeles. Que han
Perdido sus cuerpecitos. Por que
Nunca pudieron ser criados.
Y hoy se en cuentan regados
Volando por el mundo invisible
Cuidando todo el Amor bendecido
Que Dios el padre todo poderoso
Nos ha dado. Por eso es que
Los niños son Ángeles delicados.
Los que a un pudieron
Sobre vivir. Y en el mundo
En cantado quieren crecer.
Luchar y cumplir su propósito
Que le han sido dados. Del cielo
Y la tierra. Por eso con tus ojos
Versa como cualquier niño crezca
Esto es un mensaje de Dios
Para la humanidad.

Regalo El Corazón

Mi Corazón la persigue
A usted. Hoy vengo a
Decirle que podemos hacer
Con él: yo me en cariñado
Y le pido que me lo de:
Usted con él se puede quedar
Porque lo sabe contemplar.
Pero algún día me puede
Dejarlo Escuchar es lo único
Que deseo de su Linda
Amistad: yo siempre por usted
Lo pondre a respirar y le prometo
Que de mí nunca se
Arrepentirá. Yo le doy la vida
Sin importar como usted lo quiere.

Predicando

Cae una lluvia de mis lágrimas
Hermosa y puras. En la oscuridad.
El agua siempre estará. Con el
Aire y la Alegría. Jesús vino
Al mundo. Para salvarnos del
Pecado. Sierra los ojos mí
Hermano y comprende lo que canto.
Porque no le entregas tu vida
A Jesús. Hoy puedes caminal
Y ver que te cuesta mujer.
Tu hijo quiere crecer y caminal.
Con el Jesús puede estar.
En tregale tu vida al hijo
Del creador de los cielos y
El te salvara del infierno.
Las Estrellas en el cielo
Alumbran y tú en la tierra que
Espera si Jesús te escucha.
En el cielo Jesús nos ve y
Tú que espera para poner
Tu vida en el. Si él tiene
Amor y poder. Por eso tu
Debes en el Creel.

Reconocimiento hacia una Madre

Madre hoy me siento
Mal Porque a tu lado
No puedo estar.
Hacienda tiempo es en el
Único lugar que me puedo
En contral. Por no saber
Pensar tu Corazón e
Herido. Sin saber como
Te puedes en contral
Tus carisias y tus tiernas
Manos son las que más
Extraño. Por ser la madre
Que me a traído a
Este mundo. Sin importar
Lo que hago. Por eso hoy
Contigo yo hablo. Si me
Puedes perdonar. Por lo
Que hago de rodilla te
Beso los pies sin
Importar donde estés
Porque eres la mujer
Que siempre me quiere.

Magia

Magia tiene aceptación para
Hacer reír mas impresionar y
Es bienvenida en cualquier lugar.
Se puede gozar una accesible
Relajación. Para decidir importante
Aventura. Junto a un con junto.
Que une en la importante necesidad
Del en cuentro bueno. Para
Reil apasionado con mucho
Animo. Más ocupara nuestra
Atención. Cuando es sorprendente
La memoria. Porque es un lugar
Infinito que anuncia la valentía.
En gozos. Alegrados con muchos
Argumentos reserva. Inteligente
Atención. Y celebra en la labor
Spiritual que es santa. Mas
Tenemos entre hoy ánimo desconocido.
Cuando hace impresionar. Relajar y
Apoya con anticipar reserve. En
Rutina para impresionar la
Lógica visual. Esta es la magia.

Dos Amantes

Dos Amantes hoy se aman
En la noche apasionada. Con
Rapidez actúan teniendo la ocasión
Razonable requerida. En siempre
Guardal lo organisado. Reirán
Independientes a un tiempo
Rasonado. En la vida Ingenua
con mucho amor reservan la
Imprecion adecuada y noble.
A un seguira es condida con
Amor infinito y eterno. se Alegran
Y luchan con ingenua
Responsabilidad. A un gozo
Interesante de logar. mas la
Emocion ocupada sera mucha aventura.
Cuando rutina leal en la noche eternal.
Feliz a un valor en contrado. en lugares
Aparece genuina idea.
Cuando siempre entre los lujo es buena.

Sentimientos Sinceros

Hermosa visible elegancia
Delicada cortesia. Formula de
Expresal su ficiente Tranquilidad.
Delante de una condicion
Confiada y aceptable cada vez mas
Bondadosa con Buena
Ideas y aprecio carinosa.
Permanece razonable interior
Cuando Latina es la mujer que todo
Lo anima. sea en la Playa,
En la picina o en la pista a todas ellas.
La puedes Ver con la vista.
Poreso siempre cargo con visa. Por que
En Loiza como mucha longanisa.
Y nunca camino de
Prisa poreso hoy te cuento
La historia de mi vida.
Etenio mucho Exito por que todo
El mundo carga con
Unas llaves y las puertas me hablen.
Y yo respeto a cualquiera.
Sin Importal como me quiera.

Descubrimientos dl Corazon

Increible corazon como te puedo
Escuchar latir. y tus sentimentos
Puedes transportal a cuarquiel ser humano.
Sin Importal en el lugar que se
Pueda en contral. yo
Contigo se lo que es amar.
Y querel Presental carino.
Cuando lo puedo percibil.
Con la pureza de la honestidad
Yo te quiero cada dia mas.
Por tu esfuerzo de enviar.
Alegria y paz. Cuando la Eperanza
Ocupa en Cualquier lugar.
Elegible Disponibilidad.
Cuando el animo llega
Sin Limetes. Para iniciar
Unas bellas intenciones.
Sagradas con un silencio que se
Puede admiral. cada
Dia Crece mas poreso tu corazon
Es Bello y debes Cuidarlo.

Traicionera

Detras de Cuatro paredes vivia.
Cuando mi Corazon
Por ti latia. Pasaban las horas los
Dia y nunca de tu vida nada sabia.
Hoy llego El dia de mi salida. Me
Vienen a recojer pronto en una Limosina.
Cuando llego al Barrio siento
La Alegria Cuando te veo Caminando
Con una criatura en las Manos.
Y se en cuentra Llorando.
Y me Preguntas que si a un te amo.
Por que me
Traicionastes sin pensarlo Dos Veces.
Poreso mi Corazon tu no te lo Mereses.
Poreso el a tus sentimientos no obedece.
Por que tu eres la culpable de todo lo que te
Mereses. Cuando yo por ti todo lo daba.
Mi entras que tu de mi te Vurlabas.
Es El momento de separal nuestras parablas.

Mi Inspiracion

Soy un siego que busca la paz.
Y la en cuentra en cualquiel Lugar.
Sea en la oscuridad. Al amanecer
Poreso la Luz la puedo en cender
Por que por la ventana se
Fue y en el cielo vuelan. Las nubles.
Me gusta disfrutal Los momentos.
Cuando se siente la brisa, Y El silencio
Poreso te espreso lo que siento.
Y Cuando Comiensa A llover. Que
Veo las gotas Del cielo cael. Me siento
Muy bien y al salir el sol
Me siento mejor. ver los Pajaros volar.
Poreso la Naturalez es bella de amar.
A un que en el mar siempre me gustaria
Estar viendo las olas. los delfines
Con los caballitos de mar. Poreso me
Siento feliz de todo lo que te
puedo espresar.

Un deseo despues de la muerte

Me gusta la playa. me gusta
La arena. poreso en mi Corvette viajo
Por donde quiera. Hoy en un acidente
Perdi mi vida entera. pero un angel en
El cielo me pregunta si en una
Proxima reencarnacion.
Yo quisiera ser un ave para sentir
Cuando tu me llame. y siempre vivir
Preso en la jaula de tu
Corazon. Que esta rodeada
De mucho amor. Mas en cadenado
A tus sentimientos. sin ninguna
Condicion de Liberta. Cuando la foto
De Mi rostro permanesca.
En El deseo de tu memoria.
Por que tu nunca. me odia.
Poreso tengo paz En la gloria

Acerca del autor

Mi Nombre es Julio Angel Bergollo. Naci en Puerto Rico. El 15 de septiembre del 1974. y mis padres me crialon. en un hogar humilde y lleno de amor, paz y alegria. Estudie hasta Decimo grado de escuela superiol. y luego me sali de la escuela. para ir a una vocasional para Estudial mecanica de autos. paso el tiempo y decidi ser vendedor de Enciclopedia.

La Cumbre y La de Disney World.

Despues de varios años. Me fui para chicago. y por andar por malos caminos llegue a la carcel.

Donde Comense a Construil.

El Libro de Poemas de un prisionero.

Es un Libro en Honor. Hacia toda las Damas del Mundo entero. a un que es Mi Primel Libro.

Pero el Segundo esta por llegar pronto. El cual se llama Poema Viajeros. Los cuales Escribo con Todo mi Corazon y Espero que les puedan gustal... atentamente les dice Julio Angel Bergollo

ISBN 978-1-4251-8892-4

90000

9 781425 188924

Trafford
PUBLISHING®